KAORI KAWANO

Amar-ras do coração

quando o remendar-se perfura, perpassa, (a)linha

Copyright © 2023 by Editora Letramento
Copyright © 2023 by Kaori Kawano

Diretor Editorial Gustavo Abreu
Diretor Administrativo Júnior Gaudereto
Diretor Financeiro Cláudio Macedo
Logística Daniel Abreu e Vinícius Santiago
Comunicação e Marketing Carol Pires
Assistente Editorial Matteos Moreno e Maria Eduarda Paixão
Designer Editorial Gustavo Zeferino e Luís Otávio Ferreira
Revisão Ana Isabel Vaz
Capa Isabella Sarkis de Carvalho
Diagramação Isabela Brandão

Todos os direitos reservados. Não é permitida a reprodução desta obra sem aprovação do Grupo Editorial Letramento.

Dados Internacionais de Catalogação na Publicação (CIP)
Bibliotecária Juliana da Silva Mauro - CRB6/3684

K22a   Kawano, Kaori
Amar-ras do coração : quando o remendar-se perfura, perpassa, (a) linha / Kaori Kawano. - Belo Horizonte : Letramento, 2023.
76 p. ; 21 cm. - (Temporada)
ISBN 978-65-5932-419-4
1. Poesia. 2. Violência contra a mulher. 3. Relacionamento abusivo. 4. Processo de cura. 5. Escrita terapêutica. I. Título. II. Série.
CDU: 82-1(81)   CDD: 869.91

Índices para catálogo sistemático:
1. Literatura brasileira - Poesia 82-1(81)

LETRAMENTO EDITORA E LIVRARIA
Caixa Postal 3242 – CEP 30.130-972
r. José Maria Rosemburg, n. 75, b. Ouro Preto
CEP 31.340-080 – Belo Horizonte / MG
Telefone 31 3327-5771

É O SELO DE NOVOS AUTORES
DO GRUPO EDITORIAL LETRAMENTO

para todas as mulheres, e também:

"pra você que sentiu aí no peito
O quanto é essencial ter no mínimo respeito
Essa dor é secular e em algum momento há de curar
Diga sim, para o fim, de uma era irracional, patriarcal
Abafaram nossa voz
Mas se esqueceram de que não estamos sós."

(Mariana Nolasco)

I. entre agulhas e entrelinhas

11 desatando os nós da garganta

13 era só ter dito "calma" que eu parava.

14 pesadelo

15 romantização fake and fuck

16 quem cala consente

17 autópsia de um abuso emocional

19 uma questão de semântica.

20 diálogos (...)istas

21 calo (n)a boca

22 o que você chama de complicação eu chamo de riqueza

23 ele gosta ela gostosa ela gosta ele

24 você partiu meu ~~coração~~ útero

26 desmarca marca maca ka...?

27 refletindoodnitelfer

28 quer que eu desenhe?

II. costuras e suturas, ajustes e reformas

35 estou em reforma | (des)culpe o transtorno

37 a dor de (me) partir e o amor em per.doar

38 pedidos de fim de tarde

39 fragmentos e remendos de uma carta de perdão

40 descanso

42 dedicando-me ao amor

43 notas de buenos aires

44 to do list *deobviedades

46 a primeira página em branco

III. mulher em obras

51 mulher atraente
52 mulher oceânica
53 mulher bem amada
55 mulher jardineira
56 mulher de atitude
57 mulher rebelde
60 mulher lua
61 mulher loba
62 mulher vestida da própria pele

para desembaraçar o coração

69 dicas práticas para desembaraçar o seu coração

I.

entre
agulhas
e
entrelinhas

"À semelhança do homem de gelo, ele surge do nada, comete o assassinato e depois desaparece, dissolvido no nada, sem deixar rastros."

"As estratégias usadas consistem na difamação dos objetivos da protagonista, no emprego de linguagem depreciativa para a descrição da vítima, nas críticas irracionais, nas proibições e nas punições injustificáveis. São esses os meios pelos quais o predador troca as mensagens vitalizantes entre a alma e o espírito por mensagens letais que nos cortam o coração, despertam nossa vergonha e, o que ainda é mais importante, nos deixam inibidas para tomar atitudes corretas."

"É isso o que as mulheres aprendem quando cavam até atingir sua natureza selvagem e instintiva, quando realizam o trabalho da iniciação profunda e do desenvolvimento da consciência. Elas recebem uma enorme capacitação através do desenvolvimento da visão, da audição, do ser e do fazer selvagens. As mulheres aprendem a procurar o predador em vez de espantá-lo, ignorá-lo ou de serem gentis com ele. Elas aprendem seus truques, seus disfarces e seu jeito de pensar. Elas aprendem a "ler nas entrelinhas" das mensagens, imposições, expectativas ou costumes que foram transformados de verdadeiros em manipuladores. Em seguida, quer o predador esteja emanando do nosso próprio meio psíquico, quer seja do meio cultural, quer de ambos, agora temos perspicácia e somos capazes de enfrentá-lo de frente e fazer o que precisar ser feito."

– fragmentos colhidos no capítulo da "Donzela sem mãos", do livro *Mulheres que correm com os lobos* de Clarissa Pinkola Estés.

desatando os nós da garganta

sou mulher de sorriso fácil.
o "me dar ao respeito" me dá cansaço.

sou mulher e por isso não falo que "tô puta"
porque puta é vagabunda, é putaria

então, eu pergunto:
quais palavras nos restam pra conjugar a RAIVA FEMININA?

ai de mim! bater na mesa e levantar a voz com eles
eles (os homens; não homens e mulheres)

ai de mim! falar como eles; falar apenas
tá louca? para de fazer drama!

nasci num mundo onde a TPM é metonímia pra censura
é a amordaça das que sangram, das que sentem, das que pensam

sou mulher e sou um ser sensível e pensante
– ué, isso não é óbvio?!
pois é, também achei que fosse.

ele disse que me achava...
ãh... bonita... inteligente... e... e... corajosa
– elogios genéricos balbuciados com aquela dificuldade.

agora, para especificar na minha cara o quanto me achava escrota
foi rápido, direto e claro.

na hora, abaixei a cabeça e disse "sim..."
nasci mulher e nasci com o dedo já apontado pra mim.

é difícil encontrar perdão
no próprio emaranhado de pressão, culpa e acusação.

é difícil validar o "ter sido vítima"
quando o homem te olha firme e afirma:
        "MAS EU NÃO FIZ NADA SOZINHO"

é difícil dizer simplesmente que "foi um ano difícil"
inclusive, foi tema de terapia dessa semana
aceitar que o difícil não foi drama nem culpa minha.

sou mulher e
ah, isso já diz tanto...

não é fácil, mas nem por isso abro mão do meu sorriso fácil.
não é fácil e não sou fácil

mas, para os dispostos e maduros, digo que é possível, sim,
compreender a minha complexidade, minha não linearidade
as surpresas da minha dualidade

a princesa e a bruxa. a vida e a morte.
a mulher exterior e a criatura interior.

sou mulher e com você, mulher, eu falo:
o seu "mimimi" incomoda
porque é alto o suficiente pra ser escutado.

portanto, mulher, não se cale
aqui você tem, sim, lugar de fala.

era só ter dito "calma" que eu parava.

ele cama
ela clama
ele reclama
ela cama
ele reclama
ela
ele
ele cama *comapróximaela

era só ter dito.
era só ter tido
voz

~ era uma ~~vez~~ voz e, assim, viveram ~~felizes~~ fudidas para sempre

ei, não viu que ali tava escrito "para"?

não é preposição nem proposição,
mas a porra de um imperativo!

pesadelo

não tô sonhando acordada
tô de olhos abertos
deitada na cama com meu namorado
apreensiva enquanto ele dorme

não tô sonhando acordada
tô de olhos fechados
deitada há dias sem levantar da cama
abstinente enquanto ele dorme

não tô sonhando acordada
nem de olhos fechados
deitada permaneço em claro
arrependida enquanto ele dorme

*"nunca mais pensei nesse assunto. a minha vida só seguiu.
deito a cabeça no travesseiro e durmo."*

abusada enquanto ele dorme
enquanto ele dorme
enquanto ele dorme

romantização fake and fuck

você me calou com beijos
me calou a boca

você me segurou em seus braços
me apertou no abraço

você me falou que eu era a única que o entendia
me perguntou se eu permaneceria do seu lado ou o abandonaria

_____

com você, eu fiquei

e fiquei
sem voz
sem ar

você me deixou

e me deixou
sem palavras…

quem cala consente

entre palavras não ditas:
dita dura mal dita

autópsia de um abuso emocional

não tá tudo bem
te punir com o olhar
te castigar com o silêncio
te cobrar por tu não teres dado atenção ~integral&individual

não tá tudo bem
não te perceber enquanto beija
não tá nem aí pra perceber o que não gostas
não te dar suporte em situações ~expositivas&constragedoras

não tá tudo bem
teres que falar mais de uma vez que não queres ir pra casa dele
teres que falar mais de uma vez que não queres a caipirinha dele
teres que falar mais "sim" e menos "não" pra te ter perto dele

não tá tudo bem
ser fofo num dia e distante no outro
ser fogo na cama e frio depois do gozo
ser foda no mestrado e te fuder emocionalmente com seu
                              [narcisismo racional-mecânico

não tá tudo bem
te fazer sentir constrangida por não contares as senhas
te fazer lembrar que és namorada só pra saber dos segredos
te chamar de linda só quando estás com o teu corpo grudado
                                                    [no dele

não tá tudo bem
não ser gentil na tua fragilidade
não estender a mão pra tua dificuldade
não te aplaudir na tua felicidade

não tá tudo bem
dizer que não fez nada sozinho
dizer que estás o abandonando ao ir falar com um amigo
dizer que era "só pra conhecer a casa dele" enquanto está deitado
[na cama contigo

não tá tudo bem
mentir pra voltar
se desculpar com "se você acha que eu fiz algo…"
e dizer na tua cara que não precisas conversar com mais ninguém
[já que vocês estão resolvidos

não tá tudo bem
te fazer carinho enquanto te pressiona à força no abraço

te olhar com um sorriso de quem te quer enquanto sai com
[outra mulher
te esperar dar o primeiro passo pra não se responsabilizar pelo
[abuso já planejado

não tá tudo bem
se sentir culpada
se sentir cansada
se sentir vazia e não admirada

não tá tudo bem.

"– comigo ele é diferente. ele tem um lado legal que vocês não
[conhecem."

amiga, não tá tudo bem.

uma questão de semântica.

— kaori, mas por que tu te importas tanto com o fato de ele te achar escrota? — retrucou um colega homem.

— ah... — virei a cabeça e deixei meu olhar se perder pra fora da janela do carro enquanto ele dirigia até minha casa.

— porque, se ele realmente te achasse uma pessoa escrota, até que seria bom – franzi a testa, ainda tentando encontrar em que ponto da paisagem eu havia me perdido. mas, depois de goles de silêncio, ele continuou:

— se ele te achasse uma pessoa escrota ao invés de uma pessoa legal, okay... pode até se dizer que seria "ruim". agora, qual a diferença entre ele te achar um objeto escroto e ele te achar um objeto legal? o problema é anterior, entende?

.

.

.

objeto / *substantivo masculino.*
coisa material que pode ser percebida pelos sentidos.

pessoa / <erro>
palavra não encontrada.

pessoa penetrável / *substantivo feminino.*
coisa material que pode ser percebida pelos sentidos.

diálogos (...)istas

não vamos falar sobre ela

vamos vamos
das mulheres faladas
falar

falar falar
carnes frescas, sim
chatas frescas, não

sobre sobre
sobre elas ficar
~~responsabilidade afe~~ ativa na cama deitar

ela eca
mudou da água pro vinho (!?)
sobre ela não vamos falar

não não
um dia ela diz sim, outro dia ela diz não (!?)
delas só os sins que entendemos e fazemos questão de respeitar

calo (n)a boca

CALA A BOCA, SEU FILHO DA PUTA!
da puta
que pariu

por meses, permaneci calada
e quando, finalmente, consegui abrir a boca
feri a mãe, a mim, a nós.

me pergunto com raiva
se essa violência um dia terá fim…

/////

calo / *substantivo masculino.*
área dura de pele que se tornou grossa e rígida como uma
resposta a repetidos contatos, pressões e movimentos (wikipédia)

o que você chama de complicação eu chamo de riqueza

não sou coração de pedra
muito menos a rosa do jardim

eu sou mulher

meu coração sente e transborda
minha pele aquece e se arrepia
meus olhos veem e se fecham
minha boca beija e fala
minha voz acalenta e grita
meu corpo sangra e goza
meu cérebro sonha e pensa
minhas mãos acariciam e rExistem em poesia

não sou coração de pedra
muito menos a rosa do jardim

eu sou mulher

– rica demais pras suas regras simplistas.

ele gosta ela gostosa ela gosta ele

– o que é uma mulher gostosa – eles disseram
(o que, não "quem")

– de quem uma mulher gosta – eles disseram
(de quem, não "do que")

– bláblábláboostabostablábláblá – eles disseram
(entre risos e ismos.)

completa comigo: M A C H _ _ _ _ .

você partiu meu ~~coração~~ útero

parte I.
você é diferente das outras
com você é fácil, muito fácil.

parte II.
minha outra ex é diferente de você
com ela é fácil, muito fácil.

parte III.
a *atual é diferente de você
com ela é fácil, eu só chego lá e faço.

par/t/e

~~elogia~~ e critica
e logia e
é lógica crítica

pare

de me botar contra *asoutras
contraelas
contranós
contrasomos
contrações

meu útero chora sangue
cólica-contorce-quebraascostas-dói
mulher fácil, mulher vadia
mulher complicada, mulher escrota
mulher fresca, mulher difícil
mulher apenas (e aquela outra apenas uma menina...)
menina filha da mãe, filha da puta
puta que pariu

pariu
par ui
ui!

pare
parte
parto
fui!

desmarca marca maca ka...?

não vou poder te encontrar, kaori, tenho que estudar pra prova de física em seguida de orgânica e na semana que vem de físico-química aff físico-química não vou poder te encontrar, kaori, tenho que fazer o que ele gosta o teu prazer não importa já tens sorte de ele andar de mãos dadas contigo e se fazer de teu namorado não vou poder te encontrar, kaori, tenho que aspirar o quarto lavar roupa passear com o cachorro fazer as unhas e depilar as pernas aii que saco não vou poder te encontrar, kaori, tô muito cansada o dia foi corrido vou só ligar a netflix e ver um filme só não de romance o teu preferido porque desde que ele tá com a outra euetu não vemos mais filme de romance o teu preferido não vou poder te encontrar, kaori, tenho que ir pra academia perder peso tô muito gorda se não euetu seremos mulher adulta gorda flácida e feia não vou poder te encontrar, kaori, tô de ressaca da noite passada ele ainda tá com ela você sabe porra que merda não vou poder te encontrar, kaori, tenho rolê com os amigos é aqueles amigos e preciso fingir que tô bem que superei e que ele não me atinge não vou poder te encontrar, kaori, hoje tenho pera... hoje vou poder te encontrar, kaori, 17h tem terapia kaori? kaori? ka...?

refletindoodnitelfer

me olho no espelho ajeito o cabelo me olho no espelho pinço
o pelo me olho no espelho xingo a espinha me olho no espelho
sorrio pra ver se tem comida me olho no espelho como seria se
fosse mais magra me olho no espelho tiro a meleca me olho no
espelho preciso marcar a limpeza de pele me olho no espelho
quanto tempo vai demorar pra crescer meu cabelo me olho no
espelho semana que vem faço a sobrancelha me olho no espelho
vejo o ângulo que fico sem papada me olho no espelho um dia
meus dentes serão claros me olho no espelho preciso emagrecer
preciso amar meu corpo me olho no espelho preciso preciso pre-
ciso #bodypositive me olho no espelho ai que preguiça de fazer o
buço me olho no espelho tô com muita pinta de sol me olho no
espelho mês que vem compro a argila preta me olho no espelho
nem parece que passei a argila verde me olho no espelho tô suja
suja suja me olho no espelho qual é a do meu cabelo hoje me
olho no espelho tô gorda sempre fui gorda sempre serei gorda
quando não tava gorda ainda me achava gorda e hoje tô gorda
mas não tão gorda quanto já fui gorda e tá tudo bem será me
olho no espelho ela é mais gorda então eu tô bem me olho no
espelho como ele quis ficar comigo me olho no espelho será que
ele gostou de ficar comigo me olho no espelho será que ele ainda
sente desejo em ficar comigo me olho no espelho ele não mere-
ce ficar comigo me olho no espelho mas na real que seria bom
pra ele sim ficar comigo me olho no espelho ele nunca deve ter
gostado realmente de ficar comigo me olho no espelho como ele
pôde ter gostado de tocar nisso me olho no espelho ele sempre
tava com os olhos fechados me olho no espelho a fulana é magra
eu sou gorda me olho no espelho olho japa me olho no espelho
o que ele achava disso me olho no espelho será que só fui fetiche
me olho no espelho a fulana é loira me olho no espelho elas
são magras me olho no espelho espelho espelho meu em quem
me espelho eu?

quer que eu desenhe?

competição feminina separa mu lhe res

rivalidade feminina desfocaliza MUL "he" RES

opressão ao feminino doma _ _ _ _ _ _ _ _

II.
costuras
e
suturas,
ajustes
e
reformas

"As lágrimas são um rio que nos leva a algum lugar. O choro forma um rio em volta do barco que carrega a vida da alma. As lágrimas erguem seu barco das pedras, soltam-no do chão seco, carregam-no para um lugar novo, um lugar melhor."

– fragmento colhido no capítulo da "Mulher dos Cabelos de Ouro", do livro *Mulheres que correm com os lobos* de Clarissa Pinkola Estés.

"(…) o antídoto é a consciência dos nossos talentos e das nossas fraquezas, para que o complexo não consiga agir isoladamente."

"Essa emboscada psíquica tem como objetivo abalar a fé, não só a fé em você mesma mas no trabalho delicado e cuidadoso que você está realizando no inconsciente. É preciso uma fé considerável para continuar nessa hora, mas precisamos e conseguimos continuar."

– fragmentos colhidos no capítulo da "Donzela sem mãos", do livro *Mulheres que correm com os lobos* de Clarissa Pinkola Estés.

estou em reforma | (des)culpe o transtorno

desculpe o transtorno
estou em reforma

de dentro pra fora
de fora da fôrma
de fora me imposta
síndrome de impostora!
rasga, ralha, estraçalha

desculpe o transtorno
estou em reforma

é época de maré alta
de ressaca
de águas paradas
de tempos corridos
de ansiedade&tempestade&nervosismo

desculpe o transtorno
estou em reforma

o cabelo corto curto
tranco o curso
transe em curso
cutuco futuro
seguro o tranco
e segue a v

ida...

desculpe o transtorno
estou em reforma
a alma pede tempo
enquanto o mundo pede pressa

respiro fundo, me acalento
enquanto o coração bate len... t....o
a alma pede pressa

desculpe o transtorno
estou em reforma

pois de mim não me mudo
não mudo e não calo
sou morada do espírito
sou corpo livre
coração aberto e alma viva!

é, estou em reforma
sinto culpa & me desculpo
há transtornos nesse "me transformo"
não finjo ser fácil
se livrar da dor dói
há contradições, há remorsos

a bagunça das tralhas
a poeira das lixas
o cheiro tóxico de tinta
o tec tec tec
o TUM TUM TUM
faz tudo parecer loucura

mas calma, confia, respira.
é tempo de reforma
logo logo
virá a calmaria

// sobre crescer e seguir crendo numa vida onde me faço morada.
se não me mudo de mim e se não mudo e não me calo, então
prosseguirei reformando a minha casa.

a dor de (me) partir e o amor em per.doar

no precipício me precipito
arrependo, repenso, dor...
ex-pectativas
abro mão
deixa fluuui ir
leva leve, compreensão...
pressão no peito
aperta e angustia
esperança, me espere
a agonia com o tempo
se transformará em boa ação
a dor de (me) partir
ainda comprime
respiro fundo (...) com carinho
dou uma última demão
o amor em per.doar
me acalenta, aquece o peito
rio de novo!
vejam só, é ela chegando
como eu amo
a nova mulher que estou me tornando
~ apesar de tudo ou por causa de tudo
renasço nova e sigo em frente
com gratidão no coração
à suficiente abundância do meu próprio destino.

pedidos de fim de tarde

antes que o sol se ponha
eu confesso

num local secreto e tranquilo
o mais simples, o mais honesto possível

me aproximo do abraço
à sombra dou espaço

no movimento da vida
aprendo que amar é permaneSER "apesar de..."

que liberdade não é lugar nem tempo
e que ser livre é caminhar

ser leve é me sol t a rr
e me arrepender é me posicionar

que o meu limite é o suficiente
pra minha vida dar certo

e descansar nessa certeza
me faz seguIR bem e em paz

antes que o sol se ponha
eu confesso

confesso
não por culpa

mas comfé(pe)ço
por cura

eu comfésso:

fragmentos e remendos de uma carta de perdão

(...)

e, ka, eu finalmente a libero das amarras, fios e nós embaraçados: não a esconderei mais embaixo do meu sarcasmo, da minha inteligência forçada, do meu humor ácido, das minhas fugas de perigos imaginários. hoje eu a libero! você pode se expressar e eu estarei lá para abraçá-la. você pode gritar e eu estarei lá para ouvi-la. você pode chorar e eu estarei lá para chorar com você. você pode falar e eu estarei lá para conversar. você pode silenciar e eu estarei lá para sustentar o seu calar. você pode sorrir e eu estarei lá para me alegrar. você pode abraçar e beijar e tocar e eu estarei lá para sentir. você pode pedir perdão e eu estarei lá para agir com honestidade, justiça e gratidão.

descanso

eu vejo você
eu vejo o seu cansaço
e o seu querer abrir mão...

vem, deite-se
pros seus pensamentos
eu dou colo

pronto, pronto
calma, calma
pronto, pronto

só mais um pouco
o chalé, o fogo, o lar
mais um passo, passe a porta

desmaie sem medo
pois a velha se apressa
e a abraça como mãe

perto da bela fogueira
a velha forte embala seus ossos
e no mover da cadeira de balanço, canta:

pronto, pronto
calma, calma
pronto, pronto

no descanso da alma
o pobre vira rico; o frágil, forte
o velho, jovem; o jovem, criança

pronto, pronto
calma, calma
pronto, pronto

sinta-se, menina
as costelas enchendo e esvaziando
subindo e descendo

sente-se, menina
e tire uma licença no seio de seus queridos
há mulheres dispostas a suprir sua falta

por fim, se dê uma trégua
jogue fora algumas palavras
para tornar mais forte a sua história

La Que Sabé sabe
não é preciso fazer mais nada

dedicando-me ao amor

se não estou disposta
a tocar o não belo no outro (e em mim)
se não estou disposta
a ver como tudo isso vai funcionar junto
se não estou disposta
a respirar com delicadeza,
a estender minhas mãos encardidas,
a falar baixinho como uma mãe fala com um filho,
a soltar a linha de pesca
emaranhada no meu esqueleto
que rolou esquecido no oceano
anos e anos...
se não estou disposta
a trabalhar noite adentro
desembaraçando os nós da vida-morte-vida,
então, não é ao amor que estou me dedicando
o AMOR exige:
trabalho, disposição, paciência
o amor não cai dos céus
o amor não vem pronto
o amor é um pintar tela
é uma permissão e uma escolha
entre borrões e respingos
belezas e contornos
entrega e calmaria
contemplação e descanso...

notas de buenos aires

hoje saí para jantar "sozinha" junto de meu caderninho e das minhas palavras soltas&leves&fortes. amo escrever! e assim fiquei... três horas jantando, bebendo, riscando, arriscando traços e sentimentos e desabafos. vi filho se reencontrar com pais, vi amigos de longa data dando gargalhadas, vi a euforia inconfundível de brasileiros, vi garrafa de vinho se estilhaçando por todo o chão, vi todas as mesas ao meu redor se levantando e indo embora... vi novas pessoas chegando. novas. pessoas. chegando... enquanto comia a minha entradinha de grão de bico com azeite, o salmão com pimentão, os pães&crostinis&torradas, os seis filés de robalo, as batatas fritas. me enrolava no cachecol, puxava a manga pra escrever melhor. minha alma estava ali: na folha de papel, nas pessoas, na comida, no meu corpo inteiro. eu estava ali. e foi tão bom. tão bom que não pude deixar de pedir uma sobremesa que nunca havia comido antes: *sambayon caliente con frutilla y merenguitos.* comi de pouco em pouco. morango por morango. suspiro por suspiro. e entre suspiros e nozes, me lembrei de nós e resolvi matar a saudade dos pais em videochamada. às onze, o uber me trouxe pro hotel. mas fui eu quem me trouxe pra casa. aqui. pra minha c a s a

*nota: em um dos meus restaurantes preferidos do mundo |fervor, buenos aires|

to do list *deobviedades

ser humilde
grandiosidade se vive com humildade

assumir riscos
realizar desejos não é função de terceirizado

rodopi(r)ar
cuidado! não há nada de normal numa normalidade excessiva

transpor o medo
não existe essa de "estar totalmente pronta"

parar de fingir que "tal coisa" não me afeta
merda não tem cheiro de flor, tem cheiro de merda

me alimentar
a fome é minha, afinal...

dizer não
que liberdade, não?!

me expressar
a minha expressão pode, sim, ter o aroma daquilo que gosto

transcender à aparência
não preciso me prender àquilo que posso "parecer" ou
["aparentar" para os outros

ser intencional
deixar a intenção do meu coração me guiar que a compreensão
[virá!

pedir o que eu quero
faltou sal ou pimenta? peço aquilo que eu quero que seja servido
[à mesa!

desfrutar da vida
vivendo a liberdade da compreensão

me validar com amor e carinho
o que é belo para mim é belo; o que não é belo, não é belo

encontrar disponibilidade mesmo na improbabilidade
"eu não tenho que..." nada! eu escolho, eu pesco, eu peço

acolher o passado, viver o presente e respeitar a maravilhosa
[incerteza do futuro

*nota: sobre viajar 1.757 km |floripa→argentina| para incorporar
"obviedades". lista parida com muito vinho, comida boa, des-
confortos, desabafos e grande dose de amor próprio.

a primeira página em branco

o que eu faço
com aquilo que eu ainda não elaborei muito bem?
eu deixo de lado \\
eu jogo no f
u
n
d
o do mar
pra ser esquecido.
ah, mas…
há um pescador em mim que vai ao mar
e o esqueleto de mulher, então, ressurge
há uma velha mulher em mim que acende a fogueira e que canta!
e os ossos, então, se recobrem de carne, de pele, de pelos, de vida!
tudo que tem valor psíquico ressuscita
tudo que um dia "deixei quieto" no canto de escanteio
ATLOV ←
[na primeira página em branco]
leva t e m m m p o
se contorce, espreguiça e cooorrrrre
nela, na página em branco, a alma se movimenta
nela eu me contemplo, me aquieto, me ressignifico
com traços bambos e firmes
vivendo a assustadora beleza
da vida nova em folha.

III.

mulher

em

obras

"Segue adiante na vida, com os pés firmes, um atrás do outro, como uma mulher. Ela aglutinou todo o seu poder e agora vê o mundo e sua vida através desse novo enfoque. Vejamos o que acontece quando a mulher se comporta desse modo."

– fragmento colhido no capítulo da "Vasalisa", do livro *Mulheres que correm com os lobos* de Clarissa Pinkola Estés.

mulher atraente

confesso:
oh, mulher atraente!
e digo de passagem:
tô atraída por ela (mas é segredo)
e é sério.
não tô falando aqui daquele fogo
que vem e que passa...
não, não, ela fica!
fica, por favor, só mais um pouquinho
deixa eu...
apreciá-la
degustá-la
senti-la
não é sempre que se enxerga essa beleza real
tão real que não se faz difícil enxergar
~ sua sintonia ~ com os batimentos
que iniciam e findam
dentro do peito da vida.
oh, mulher
contigo eu iria pra cama
e a amaria da cabeça aos pés
de dentro pra fora
e, se fosse preciso,
também de fora pra dentro
até que esse amor ardente chegasse aqui
dentro do meu peito
afinal, somos uma
atraídas em corpo, mente e espírito.

mulher oceânica

meu coração eu parto
não partido em pedaços
parto para abri-lo
parto para que nasça o que crio

ao homem não dou meu amor
das tetas – dele não sou mãe de leite
não desejo ser amada
pela fortuna, pelo poder
não amo ser desejada
pela fama, pela carne

ao homem dou meu amor
o amor que simplesmente acontece
o amor que trago dentro de mim
o amor de mulher
que deseja ser amada como mulher
que ama ser desejada como mulher

procuro o homem que capta o relacionamento
que se entrega com alma e profundidade
que chora a lágrima que beberei

procuro o homem que se desenvolve e renasce
que é curandeiro e não solitário de si, mas se habita
e dentro do seu peito há o que eu também tenho dentro de mim

um coração imenso, vasto, oceânico...

mulher bem amada

oh, na, na, na
oh, na, na, na

solto a linha
história minha
minha prece
apressa não...

canto, me canto
em cada canto
acolho amor
refino dor

sigo firme, titubeante
apoio em braços, seguro mãos
já há quem me aqueça nesse inverno frio
xô, frieza! o teu fogo de prazer não é meu verão

oh, na, na, na
oh, na, na, na

com fios, confio
protejo, projeto
faço eu mesma meu casulo
branco, quente, úmido...

minha solidão é companhia
a campainha é meu perdão
teu sorriso já vem em vão
de ti e do teu umbigo eu abro mão

refaço, asso
enfarinho a mesa, lambuzo as mãos
acendo o fogo!
é tempo de queima, de transformação

oh, na, na, na
oh, na, na, na

nesse cômodo pequeno
me entrego e me empano na poeira
enquanto me limpo por dentro
meu fora é preto, é luto, é cicatrizes e remendos

ao Oceano sussurro o que aos pobres de espírito jamais contaria
meus desejos o Universo escuta – no meu útero, eu pressinto
por meses, naveguei profundezas assombradas
mas, agora, é um novo tempo, é tempo de c alma ria

afinal, com humildade, uni minha força à da Natureza Viva
e, assim, estou sendo carregada até a margem, à terra-firme
só que agora com todas as coisas de que as mulheres precisam.
— respira fundo, mulher, e confia! eu te amo, minha querida...

oh, na, na, na
oh, na, na, na

mulher jardineira

meu coração é de terra
terra fofa, marrom e úmida

no meu coração de terra
há minhocas, sementes, folhas secas
pedregulhos, raízes profundas e mudas (nada quietinhas)
vento, pássaros e frutos verdes e maduros

humm e cheirinho de grama molhada da chuva...

no meu coração de terra
pensamentos e ideias nascem e morrem
preferências e desejos nascem e morrem
até amores nascem e morrem

eu planto, arranco, enterro
medito, colho, me despeço
seco, semeio, protejo
contemplo, desfruto, regresso
inspiro, expiro, me movo

encontro amor, dou amor, esper(anç)o amor...

meu coração de terra não atrapalha o que vai morrer
e, dentro do meu peito, a cada batimento,
há o início e o fim

e, se no meu coração de terra
a terra é fofa, marrom e úmida,
é porque sou eu mulher jardineira
que contemplo a natureza
e aprendo a hora de ir e vir, de permanecer e partir...

mulher de atitude

mulher, repete comigo:
— eu sou mulher de atitude!
repete mais alto:
— EU SOU MULHER DE ATITUDE!
é incrível dizer isso em voz alta, né?
e parece algo tão bobo... (mas não é)

/////

mulher, confie: você é forte o suficiente para agir e tomar a
[atitude certa
– seja ela qual for.

mulher rebelde

não sabe o que está falando...
porque na minha época...
nossa, não estou lhe reconhecendo...
você não é assim...
quem você pensa que é...
você sabe quem eu sou...
se arrumou toda, tá apaixonada...
seus pais não vão gostar de saber disso...
ninguém liga pro que você pensa...
você está sendo ridícula...
senta direito, fecha as pernas, que blusa decotada é essa...
o que você fez...
releva, eles são assim mesmo...
não tem o que fazer, eles são assim mesmo...
para de reclamar, eles são assim mesmo...
fica quieta, eles são assim mesmo...
homem não gosta de mulher assim...
mulher de deus não fala essas coisas...
é só uma cantada, não sabe mais ser elogiada...
que saco, supera! é só conviver com *ele...
como cristãs, não podemos nos afastar d*ele...
não vamos tomar partido, a sua intriga você resolve com *ele...
não temos porque protegê-la, isso é um problema seu com *ele...
afinal, no grupo, só você *ele abusou, *ele não é um abusador...
já faz meses! *ele pode ter mudado ou você acha que por Deus
                               [*ele não pode ser salvo?...

você tá sendo injusta...
tô aqui só querendo ajudar...
se fosse eu, teria bloqueado dos contatos e pronto...
olha, a sua raiva faz eu me sentir coagida...
como eu não sabia de toda a sua história, não tinha como ter
                                        [empatia...

(e as falas continuam reticências reticentes)

ódio à mulher rebelde...
ódio às exageradas dramáticas exigentes...
ode a que pensa que vê que fala!
ódio às bruxas feministas selvagens...
ode a que intui que pressente que proclama!

o ódio patriarcal é minha ode
é poesia que sangra
e o meu sangue é vermelho e ele mancha
mancha a seda branca hipócrita
e a minha palavra contorce
aquilo que há séculos é distorcido e mal-dito
você é mesmo incorrigível...
e quem disse que eu preciso ser corrigida?

parei de querer ser a menininha perfeitinha
quando me dei conta de que não sou eu a erva daninha
mas em meio à toxicidade machista
às vezes é difícil sustentar que não sou eu

a praga
a errada
a bruxa malvada

mas, se me quiserem chamar de bruxa
já adianto que respondo com um 'muito obrigada'
até aqui em casa mamãe e papai já me abençoaram
pra ser a Baba Yaga
e nisso eu sou grata!
minha casa é também lar pra alma
é descanso. refúgio. sustento.
e nisso eu sou privilegiada!

porque ser mulher rebelde não é fácil
nessa indisciplina há
revoltas lutas conversas
cansaço gritos lágrimas
estudos trabalhos pesquisas
recomeços desconstruções terapia

ser mulher rebelde não é fácil
não é querer chamar atenção
não é ter problemas psicológicos
não é ser desviada da igreja
não é ter raiva dos homens

ser mulher rebelde é contrafluxo e não é fácil
é estar a serviço do novo
é lavar a roupa dos velhos
é cozinhar muito pra servir sustança
é dar a cara a tapa
é abrir a boca e ser freada
é ser freada e dar mais um passo
é se fingir de morta pra ser ouvida no tempo certo
é plantar a semente sem ao menos ter o fruto

*

e se você, mulher,
nunca foi chamada de rebelde bruxa incorrigível,
faça a sua parte, ainda é tempo!

mulher lua

eu sangro todos os meses
sem morrer

uma mulher que sangra
é sábia e sabe

parir
part ir..
re/par/tir

a mulher que planta a lua
se recolhe e todos colhem!

ela pare projetos criativos
ela aguça sua mente instintiva
ela doa amor fértil

a mulher que sangra o sangue vermelho
é cíclica

nasce, cumpre seu tempo
fenece e morre
para renascer

eu e tu, mulher
somos lua
somos vida-morte-vida

somos a exuberância da natureza selvagem
em seu pleno esplendor.

mulher loba

saio do salto
caminho descalço

pé na grama
alma de lama

olho atento
a realidade sustento

caminho sem pressa
ninguém mais me apressa

pulo em poças d'água
me acolho quando me sinto peixe fora d'água

florestas em chamas eu abraço
fui temperada como o aço

sorrio de passagem pra vida
sigo com passagem só de ida

quase não tenho mais certeza de nada
às vezes perco o fio da meada

a poesia rimou
mas a vida nem sempre rima

fico calma e sigo em frente
nada é por acaso

nos picos e vales da vida,
a elegância está em dar próximo passo...

mulher vestida da própria pele

mulher vestida da própria pele leva o tempo que for pra "superar" um *abusador. as expectativas dos outros que se explodam! fazer tipo, fazer social, fazer de evoluída são coisas bregas demais pra uma mulher vestida da própria pele. que, inclusive, não precisa passar o natal ouvindo briga de família. ela faz seu próprio natal com aqueles que estiveram do seu lado durante os últimos 360 dias. essa mesma mulher, que parou de se fazer de cult, de interessante, de interessada, não sorri mais o tempo todo, é séria quando lhe cabe e ponto. muda de curso e o curso da vida sem dar justificativas, explicações e satisfações pros outros. mulher vestida da própria pele não precisa mais tratar mal quem lhe tratou mal pra se dar ao respeito, muito menos tratar bem quem lhe trata mal só pra ser bem falada e aceita. parou até mesmo de reduzir o seu desconforto a um supervalorizado "tô só cansada"... ela tá é triste, frustrada, com raiva! e o "eu tô bem" pra ela é pouco! ela tá é ótima, espantósmica, linda pra caral... e incrível! hoje ela até chora na terapia quando fala o quanto se acha uma mulher incrível. tão incrível que responde às perguntas dos outros com um simples "eu não sei", tira da vida o que não convém e se afasta do que não lhe faz bem. mulher vestida da própria pele se vê digna de ser feliz. reformulo: se vê digna de ser MUITO FELIZ. ela dá a liberdade da incerteza às certezas de si e do outro. se olha no espelho e acolhe o que ela quer que mude e, ainda assim, se olha no espelho e se vê linda, mulher exuberante (uma grande gostosa!). mulher vestida da própria pele não atenua microagressões, valida pressentimentos e intuições. anda com os pés na grama e respira ar fresco. respira ar fresco e anda com os pés na grama sem achar que tá perdendo tempo. ela esclarece aos outros aquilo que quer, aquilo que gosta de fato e como se sente de verdade. ela é vulnerável e recebe os olhares externos de não aprovação não necessariamente como desaprovação, apenas como olhares neutros. mulher vestida da própria pele parou de terceirizar o seu tempo e monta ela mesma seu cronograma de estudos. faz nada sem culpa. dança sem roupa e sozinha pela casa. e quando se veste, veste a roupa que tem vontade! (algo tão simples e, em alguns contextos, ainda tão utópico...) ela percebeu que as moralidades alheias não lhe pertencem e a tão esperada "moral da história" lhe é pequena. pois a história que ouve é ela que sente, que percebe, que dá seu próprio sentido e tira dele o seu sustento. essa mulher parou até mesmo de se desculpar, se cobrar, se justificar pelo seu próprio choro. ela não chora porque é do "sexo frágil". ela não é frágil. e, através do seu choro, ela faz a digestão dos seus sentimentos, os quais ela bem conhece! afinal, mulher vestida da própria pele é mulher "terapeutizada"! tem letramento emocional e sabe que responsabilidade afetiva não é uma qualidade a ser aplaudida em um homem, mas o mínimo a ser esperado de qualquer ser humano que preze pela vida do outro. mulher vestida da própria pele nunca tá "naqueles dias". ela tá é menstruada! e, ainda por cima, faz da TPM a sua melhor amiga. ela não "tá assim porque tá na TPM". ela tá assim e ponto. até porque... mulher vestida da própria pele é assim: é o que é.

— pronto, acabou?
— eu só comecei...

para

desembaraçar

o

coração

"(…) lembrem-se de que no fundo é onde ficam as raízes vivas da psique. É ali que estão os alicerces selvagens da mulher. No fundo está o melhor solo para semear e ver crescer algo de novo. Nesse sentido, chegar ao fundo do poço, embora extremamente doloroso, é chegar ao terreno de semeadura."

– fragmento colhido no capítulo dos "Sapatinhos Vermelhos", do livro *Mulheres que correm com os lobos* de Clarissa Pinkola Estés.

dicas práticas para desembaraçar o seu coração:

– fazer terapia com um(a) profissional de sua confiança

– ter uma rede de apoio gentil, empática e acolhedora

– se permitir chorar, ficar séria e dormir durante horas

– fazer arte, respirar arte

– comer comidinhas gostosas

– conectar-se com a natureza e contá-la os seus segredos

– dançar e rodopiar pela casa inteira

– meditar

– fazer um exercício físico que dê prazer

– falar, se quiser falar. silenciar, se quiser silenciar. gritar, se
[quiser gritar

– plantar a lua, deixando morrer o que precisa morrer e dando
[vida àquilo que precisa viver

– reservar (pelo menos) um dia na semana para fazer algo que
[goste muito (na sua própria companhia)

– despertar-se para a realidade com o auxílio de bons livros:

- × *Mulheres que correm com os lobos* de Clarissa Pinkola Estés
- × *De olhos abertos: uma história não contada sobre relacionamento abusivo* de Manuela Xavier
- × *Guia prático antimachismo* de Ruth Manus
- × *Aurora: O despertar da mulher exausta* de Marcela Ceribelli
- × *A prateleira do amor* de Valeska Zanello
- × *A gente mira no amor e acerta na solidão* de Ana Suy
- × *Um útero é do tamanho de um punho* de Angélica Freitas
- × *Sejamos todos feministas* de Chimamanda Ngozi Adichie
- × *Adjetivo Feminino: dicionário de experiências* de Marina Jerusalinsky
- × *A menina que virou lua* de Morena Cardoso
- × *Shinguetsu no Mine: o luar reflete na espada* de Fabiana Higa
- × *Quando me amei de verdade* de Kim McMillen e Alison McMillen
- × *Os três irmãos de ouro* de Olga de Dios
- × *O menino, a toupeira, a raposa e o cavalo* de Charlie Mackesy

– escutar músicas que liberam o seu coração para a Vida!

- × "Sinais" e "Bem-Vindo" de Luiza Caspary
- × "Germinar" de Flaira Ferro, Sofia Freire, Ylana Queiroga e Isaar
- × "Minha Revolução", versão acústica de BABY
- × "Me Curar de Mim", "Faminta" e "Ótima" de Flaira Ferro
- × "Cheia de Dobras" e "GIGANTESCA" de Mariana Volker
- × "Minha Prece" de Dandara Manoela
- × "Ela Encanta" de Marina Peralta
- × "Bem-Vindo Amor Próprio" de LILIAN
- × "Flowers" de Miley Cyrus
- × "eu posso ser quem eu quiser" de Nina Fernandes
- × "Suporto Perder" de Flaira Ferro e Chico César
- × "Triste, Louca ou Má", versão de Mariana Aydar e Maria Gadú
- × "Todxs Putxs" de Ekena
- × "Meu Bem" de ALVA
- × "Eu Sou Mulher" de Julia Branco
- × "Pra todas as mulheres" de Mariana Nolasco
- × "Send My Love (To Your New Lover)" de Adele
- × "Amarelo, azul e branco" de ANAVITÓRIA e Rita Lee
- × "DHARMA" de Socorro Lira e Ricardo Vignini
- × "Cores" de Marie Gabriella
- × "Gente Aberta" de Erasmo Carlos
- × "Quiçá" de A Banda Mais Bonita da Cidade e Labaq
- × "Ligue o Foda-se" e "Vestido de Amor" de Chico César
- × "Asas A'alma" de Tukum e Fraira Ferro

agradecimentos

eu me agradeço pela minha disposição em aprender, a cada dia, maneiras mais bonitas e profundas de me amar.

agradeço à minha mãe e ao meu pai pelo apoio amoroso e presente. serei eternamente grata pela casa onde nasci ser porto seguro, refúgio e respiro. eu amo muito vocês!

agradeço à psicoterapeuta Karine Padilha, por me acolher semanalmente em um ambiente seguro e sem julgamento, me ajudando a descobrir a mulher que sou e a que quero ser.

agradeço a todas as amigas que me acolheram, me escutaram inúmeras e repetidas vezes; me abraçaram e me disseram verdades bem difíceis – sempre com muito amor.

agradeço a todas mulheres que, com o seu amor corajoso, seu feminismo libertador e sua vulnerabilidade acolhedora, me inspiraram a seguir com a minha vida dia após dia.

"Sai desse canto, pranto, desse choro

Solta as amarras, segue a vida, vai voar

Toma tua força, tua garra, tua calma

E canta forte a canção da tua alma

Sai dessa teia que te enredaram

A roda gira, deixa ela girar

Canta, dança, corra, mova

Ao som de Bach ou Lia de Itamaracá

Mulher de asas na alma voa

Mulher de alma nas asas voa

Mulher de asas na alma voa

Mulher de alma nas asas voa"

(Tukum e Flaira Ferro)

◎ editoraletramento
🌐 editoraletramento.com.br
f editoraletramento
in company/grupoeditorialletramento
🐦 grupoletramento
✉ contato@editoraletramento.com.br
♪ editoraletramento

🌐 editoracasadodireito.com.br
f casadodireitoed
◎ casadodireito
✉ casadodireito@editoraletramento.com.br